7人の人気作家が編む

おでかけバッグと
おウチこもの

Contents

A ドット模様のトートバッグ … P.4

B 透かし模様のフロアマット … P.5

C スパンコールバッグ … P.6

D ルームシューズ … P.8

E ヘリンボーンクロッシェのマリンバッグ … P.9

F ペタンコバッグ … P.10

G フラップクラッチバッグ … P.11

H, I クッションカバー … P.12

J スタークロッシェのバッグ … P.13

K サークルハンドバッグ … P.14

L, M テトラポーチ … P.16

N　編み込み模様の円座 … P.17

O　2way クラッチバッグ … P.18

P　コイル編みの角座 … P.20

Q　ショルダーバッグ … P.22

R　バイカラークラッチバッグ … P.23

S, T　リフ編みの小物かご … P.24

U　ファスナーポーチ … P.26

V　ヘアバンド … P.27

W　収納かご … P.28

X　ジグザグ模様のななめがけバッグ … P.29

Point lesson

ヘリンボーンクロッシェ … P.30

スタークロッシェ … P.32

コイル編み … P.34

リフ編み … P.36

作品に使用した
材料と道具 … P.38

How to make … P.41

かぎ針編みの
基礎テクニック … P.78

A ドット模様のトートバッグ

こま編みの編み込みで作るドット模様のバッグ。
メリハリのある赤×白で愛らしく。

Design ▶ 今村曜子
How to make ▶ P.42

B 透かし模様のフロアマット

オフホワイトでさわやかに仕上げたフロアマット。
インテリアとの相性も抜群です。
Design ▶ 小林ゆか
How to make ▶ P.44

C | スパンコールバッグ

大人使いしやすい黒のバッグは、
キラキラ輝くスパンコールでワンランク上の仕上がりに。
Design ▶ Ronique
How to make ▶ P.46

スパンコールはバッグを編んでから別糸で編みつけます。

D | ルームシューズ

ふかふかした履きごこちが気持ちいいルームシューズ。
アクセントにベルトをつけました。
Design ▶ すぎやまとも
How to make ▶ P.48

E | ヘリンボーンクロッシェのマリンバッグ

マリンカラーのボーダーバッグ。
くっきりしたヘリンボーン模様は太糸ならではの魅力。
Design ▶ Ha-Na
Point lesson ▶ P.30　How to make ▶ P.50

F ペタンコバッグ

ナチュラル素材の糸と一緒に編んだミニバッグ。
涼し気で夏のおでかけにもぴったりです。

Design ▶ doughnut lab
How to make ▶ P.52

G | フラップクラッチバッグ

スウェードひもをクルリと巻いたクラッチバッグ。
透かし模様のフラップがポイント。
Design ▶ doughnut lab
How to make ▶ P.53

H, I クッションカバー

スタイリッシュなクッションを部屋の主役に。
存在感のある凹凸は引き上げ編みで。
Design ▶ 野口智子
How to make ▶ P.54

I

H

J スタークロッシェのバッグ

繊細な星模様がかわいいバッグ。
すっきりきれいなフォルムで上品に仕上げます。
Design ▶ 今村曜子
Point lesson ▶ P.32　How to make ▶ P.56

K | サークルハンドバッグ

印象的な赤のバッグ。
丸い編み地を生かした、存在感のあるデザインです。

Design ▶ すぎやまとも
How to make ▶ P.58

うね編みのマチは約10cm。荷物もしっかり収納できます。

L, M テトラポーチ

三角形のフォルムは四角い編み地を折りたたんで作ります。
ファスナーの色をアクセントに。

Design ▶ doughnut lab
How to make ▶ P.45

N 編み込み模様の円座

カジュアルな円座はユニセックスで使えて便利。
濃紺をアクセントに効かせました。
Design ▶ 今村曜子
How to make ▶ P.60

0 | 2way クラッチバッグ

ちょっとしたおでかけに便利なクラッチバッグ。
タックをよせてニュアンスをつけて。

Design ▶ 野口智子
How to make ▶ P.62

後ろ面はタックのないシンプルなデザイン。
内側につけた肩ひもを出せば、ショルダーバッグに。

ドラマチックな配色が素敵。
茎のくさり編みは最後に編み足します。

P コイル編みの角座

主役は立体的なコイル編みの花モチーフ。
赤と白の花をつなげてふっくらした角座にします。
Design ▶ Ha-Na
Point lesson ▶ P.34　How to make ▶ P.64

Q | ショルダーバッグ

しっかりした作りの大きめバッグ。
ファスナーつきなのでたくさん物を入れても安心。
Design ▶ すぎやまとも
How to make ▶ P.67

R バイカラークラッチバッグ

シンプルなバッグは2色使いでモダンに仕上げて。
フラップはマグネットホックで開閉します。

Design ▶ 小林ゆか
How to make ▶ P.70

S,T リフ編みの小物かご

厚みの出るリフ編みのかごはクッション性◎。
持ち手があるので手軽に移動させることができます。
Design ▶ せばたやすこ
Point lesson ▶ P.36   How to make ▶ P.72

型くずれしにくのも魅力。大きな花のような模様が目を引きます。

U ファスナーポーチ

コンパクトなポーチはカバンの中のマストアイテム。
楕円の編み地にファスナーをつけました。

Design ▶ Ronique
How to make ▶ P.61

V ヘアバンド

リラックス感のある幅広のヘアバンド。
太糸を細めのリネン糸で編みくるんだ、フラットな編み地が新鮮。
Design ▶ Ronique
How to make ▶ P.66

W 収納かご

中心から丸く編み上げた
たっぷり物が入る収納かご。
フリルのような飾りは
入れ口の補強にも。
Design ▶ Ha-Na
How to make ▶ P.74

X ジグザグ模様の ななめがけバッグ

どんな服にも合わせやすい、
ナチュラルカラーのバッグ。
肩ひもは好みの長さに
アレンジしても。
Design ▶ 小林ゆか
How to make ▶ P.76

Point lesson ／ポイントレッスン

この本に登場したかわいい模様編みのポイントを紹介します。

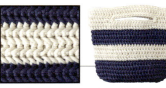

ヘリンボーンクロッシェ ／Photo ▶ P.9

ヘリンボーンクロッシェ

ヘリンボーンクロッシェの矢印のような連続模様は、表編みの段と裏編みの段を往復編みで交互に編むことで生まれます。
プロセスはヘリンボーンクロッシェで輪に編む方法です。「ヘリンボーンクロッシェのマリンバッグ」の編み図（P.50〜51）の側面1〜2段めで解説します。

1段め　ヘリンボーンクロッシェの表編み ✕

1 1目めはこま編みを1目編む。

2 2目めはまず **1** のこま編みの左側の足1本に針を入れる。

3 続けて、前段の目の頭に針を入れ、糸をかけて引き出す。

4 再度、針に糸をかけ、針にかかったすべてのループを引き抜く。

5 引き抜いたところ。ヘリンボーンクロッシェの表編み（✕）が1目編めた。

6 編み図のとおり、ヘリンボーンクロッシェの表編みを編み進める。最後は1目めの頭に針を入れ、

7 引き抜き編みを編む。1段めの完成。

注意！
「ヘリンボーンクロッシェのマリンバッグ」の底は、段の編み始めのみ、こま編み1目、そのほかはすべてヘリンボーンクロッシェの表編み（**2**〜**5**）を編みます。編むときは、毎段、編み地の表を見ながらぐるぐる編みます。

2段め　こま編みの裏編み

8 立ち上がりのくさり1目を編み、編み地の左側を手前に回して編み地を返す。（くさり1目／（表））

9 編み地を返したところ。（裏）

10 1目めは前段の1目めの頭に、編み地の向こう側から手前に針を入れる。

11 針を入れたところ。手前からみると、糸のすじが1本残っている。

12 写真のように針に糸をかけ、手前から向こう側へ引き出す。

13 糸を引き出したところ。

14 針に糸をかけて引き抜く。

15 引き抜いたところ。こま編みの裏編みが1目編めた。

*ヘリンボーンクロッシェはニット作家・Ha-Naさんが考案した編み方です

ヘリンボーンクロッシェの裏編み ✘

16 2目めはこま編みの裏編みの左側の足1本①と前段の頭②に針を入れてヘリンボーンクロッシェの裏編みを編む。

17 まず、こま編みの裏編みの左側の足1本に、**16**の矢印①のように向こう側から手前に針を入れる。針を入れたところ。

18 次に前段の頭に、**16**の矢印②のように向こう側から手前に針を入れる。針を入れたところ。

19 続けて、針に糸をかけ、②のループのみ引き抜く。

20 再度、針に糸をかけ、針にかかったすべてのループを引き抜く。

21 引き抜いたところ。ヘリンボーンクロッシェの裏編み（✘）が1目編めた。

22 次からは矢印のようにヘリンボーンクロッシェの左側の足1本と前段の目の頭を拾って、ヘリンボーンクロッシェの裏編みを編む。

23 ヘリンボーンクロッシェの裏編みの2目めを編んだところ。

24 編み図のとおり、ヘリンボーンクロッシェの裏編みを編み進める。

25 最後の引き抜き編みは、手前から向こう側に針を入れ、糸をかけて引き抜く。

26 引き抜いたところ。2段めの完成。**次からは毎段、編む方向をかえて、**ヘリンボーンクロッシェの表編みと裏編みを交互に編んでいく。

11 裏編み　表編み
（表）
ヘリンボーンクロッシェの完成
編み地を表から見たところ。表編みと裏編みの2段で、V字のような連続模様ができる。

9段め　ヘリンボーンクロッシェの表編みの増し目 ✓

27 段の始め（1目め）はこま編みを1目編む。

28 2目めはまずこま編みの左側の足1本に針を入れ、

29 **27**と同じ目に、再度、ヘリンボーンクロッシェの表編みを1目編む。こま編みとヘリンボーンクロッシェの表編みの増し目が編めた（✘✘）。

30 次の目には、ヘリンボーンクロッシェの表編みを2目編み入れる（✘✘）。
※続けて、編み図の指定の位置で増し目をしながら編み進める。

Point lesson ／ポイントレッスン

スタークロッシェ／Photo ▶ P.13

スタークロッシェ

スタークロッシェは2目×2段で1模様になります。1段めはこま編み、2段めは中長編みの応用で星の形を作ります。

プロセスはスタークロッシェを輪に編む方法です。「スタークロッシェのバッグ」の編み図（P.56～57）の側面1～2段めで解説します。

1段め

1 スタークロッシェの1目め（下半分）を編む。まず立ち上がりのくさり3目を編む。

2 1のくさり2目めの半目と裏山に針を入れ、糸をかけて引き出す。

3 1のくさり1目めの半目と裏山に針を入れ、糸をかけて引き出す。

4 前段の1目めの頭半目に針を入れ、糸をかけて引き出す。2目めの頭半目は向こう側の1本を拾う。

5 4と同様にして、前段の2～3目めからもそれぞれ糸を引き出す。

6 糸を引き出したところ。針には6ループかかっている。

7 針に糸をかけて、針にかかったすべてのループを引き抜く。

8 再度、針に糸をかけて引き抜き（くさり目）、糸を引いて目を引きしめる。スタークロッシェ（下半分）が1目編めた。

9 スタークロッシェの2目め（下半分）は、8でできた空間（★）に針を入れ、糸をかけて引き出す。

10 次は、6で5目めに拾った目の向こう側1本に針を入れ、糸をかけて引き出す。

11 続けて、前段の3目めの向こう側半目を拾って針を入れ、糸をかけて引き出す。

12 11と同様にして、4～5目めからも糸をそれぞれ引き出す。

13 糸を引き出したところ。

14 針に糸をかけて、針にかかったすべてのループを引き抜く。

15 引き抜いたところ。

16 再度、針に糸をかけて引き抜き（くさり目）、

17 糸を引いて目を引きしめる。スタークロッシェ（下半分）の2目めが編めた。

18 9〜17と同様にして、編み図のとおりに最後から1つ手前の目まで編む。

19 最後の目は、4回めまで同様にして糸を引き出す。

20 5回めの糸は立ち上がり3目の根元（前段で引き抜いた目★）に針を入れ、糸をかけて引き出す。

21 続けて、針に糸をかけて引き抜く。

22 次は立ち上がりのくさり目の2目めの半目に針を入れ、糸をかけて引き抜く。1段めの完成。

2段め

23 立ち上がりのくさり2目を編み、編み地の左側を手前に回して編み地を返す。

24 編み地を返したところ。

25 針に糸をかけ、前段の模様の中心に針を入れる。

26 糸をかけて引き出す。

27 再度、針に糸をかけ、針にかかったループをすべて引き抜く。

28 中長編みが1目編めた。

29 同様にして、25と同じ位置に中長編みをもう目編む。

30 編み図のとおり、前段の模様の中心に中長編み2目を編み入れながら編み進める。

31 最後は立ち上がりのくさり2目めの半目と裏山に針を入れ、引き抜き編みを編む。

32 スタークロッシェの完成
2段編んだ編み地を表から見たところ。往復編みの2段で模様ができる。

> **注意！** 1段めでは前段の目を拾うときに向こう側半目の1本を拾っていますが、3段めからは前段の頭2本を拾って編んでください。

Point lesson / ポイントレッスン

コイル編み／Photo ▶ P.20

コイル編み

作品のコイル編みは針に5回糸を巻きつけています。
1巻きずつ、ていねいに糸を引き抜いて、きれいなコイルに仕上げましょう。

プロセスはコイル編みのモチーフを作る工程です。「コイル編みの角座」の編み図（P.64〜65）の基本のモチーフで解説します。

1段め

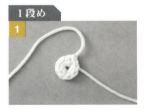

1 白の糸を「糸端を輪にする作り目」で編み始め、こま編みを8目編み、最後に引き抜き編みをして糸を切る（P.78参照）。

2段め

2 1段めの1目めの頭に赤の糸を引き抜いてつける。

3 針に糸をかけて引き抜く、くさりを1目編む。白の糸端は編み地に沿わせ、2段めを編みながらくるんでいく。

4 続けて、くさりを2目編む。これが立ち上がりのくさり3目になる。

コイル編み

5 針に糸を巻きつける。

6 1回巻いたところ。続けて、矢印のように針を動かし、全部で5回巻きつける。

7 5回巻いたところ。ゆるみがないように、きっちり巻きつける。

8 **2**と同じ位置（1目めの頭）に針を入れる。

9 糸をかけて引き出す。

10 引き出した目を、針に巻いた糸（★）に引き抜く。引き抜くときは、編み地と糸を根元をしっかり押さえておく。

11 引き抜いたところ。引き抜いた糸の根元に★の糸が巻きついている。

12 同様にして、針に巻いた糸を1本ずつていねいに引き抜く。すべて引き抜いたところ。

13 針に糸をかけて、針にかかった2ループを引き抜く。コイル編みが1目編めた。

14 **5**〜**13**と同様にして、**2**と同じ位置にコイル編みをもう1目編む。

15 1段めの2目めにコイル編みを2目編み入れる。

16 くさりを2目編む。

15と同じ位置（2目めの頭）に針を入れ、引き抜き編みを編む。	コイル編みの花びらが1つ編めた。	続けて1段めの3目めに引き抜き編みをし、編み図のとおりに編み進める。	コイル編みの花びらを4つ編み、最後は1段めの1目の頭（☆）に針を入れ、

引き抜き編みを編む。2段めの完成。	糸端を約15cm残して糸を切る。	赤の編み始めの糸端に糸にとじ針をつけ、編み地の裏側にぐるりと1周通し、	白の編み終わりの糸と一緒にカットする。

モチーフのつなげ方

残った2本の糸端もとじ針に通して糸始末する。	**コイル編みのモチーフの完成** 茎c（黒）のくさり10目は、あとから糸をつけて編み出す。（2枚めからは編み図を参照して、指定どおりにくさり10目の茎を編む）	2枚めのモチーフを編みつなげ位置の手前まで編む。	一度、針にかかったループを外し、1枚めの編みつなげ位置の目の頭に針を入れる。

針を2枚めのループに戻し、そのまま引き出す。	針に5回糸を巻きつけ、	2枚めのモチーフのコイル編みを編む。	同様にして花びらの2か所でモチーフを編みつなげる。

35

Point lesson ／ポイントレッスン

リフ編み／ Photo ▶ P.24

| リフ編み |

トルコのボディタオルに使われているリフ編み。
ふっくらした玉編みは、中編み3目の玉編みの応用で作ります。

プロセスはリフ編みで輪に編む方法です。「リフ編みの小物かご」の編み図（P.72〜73）の側面1〜2段めで解説します。

1段め

1 底をこま編みで編む。

2 側面をリフ編みの位置まで編んだら、まず糸をかけて引き出し、くさり3目分の高さまで糸を引き出す。

3 糸をかけて、前段の1目めの頭に針を入れる。

4 糸をかけて、くさり3目分の高さまで引き出す。

5 4と同様にして、あと2回、糸を引き出す。

6 合計3回、糸を引き出したところ。

7 編み糸の根元（★）を左手の指で押さえ、針に糸をかけ、針にかかったループをすべて引き抜く。

8 糸を引き抜いたところ。7で押さえていた糸の部分に空間（☆）ができている。

9 ☆の空間に針を入れ、糸をかけて引き抜く。

10 糸を引き抜いたところ。

11 再度、針に糸をかけてくさり目を編む。リフ編みが1目編めた。

12 2目めのリフ編みを編む。まず、針にかかっている目をくさり3目分の高さまで引き出す。

13 糸をかけ、10の▲に針を入れ、くさり3目分の高さまで糸を引き出す。

14 13と同様にして、合計3回、糸を引き出す（未完成のリフ編み）。

15 針に糸をかけ、前段の2目めに針を入れる。

16 糸をかけ、くさり3目分の高さまで糸を引き出す。

17 そのまま続けて、前段の2目めにも未完成のリフ編みを編む。

18 前段の3目めからも同様にして、合計3回、糸を引き出す（未完成のリフ編み）。

19 未完成のリフ編みが3つ編めた。

20 7 と同様に編み糸を指で押さえ、針に糸をかけ、未完成のリフ編み3つを一気に引き抜く。

21 続けて、指で押さえていた糸の空間に針を入れ、

22 糸をかけて引き抜く。

23 糸を引き抜いたところ。

24 続けて、くさりを1目編む。リフ編み3目1度が完成。これを繰り返し編む。

25 編み図のとおり、段の終わりまで編み進める。最後は未完成のリフ編みを1つ編み、2つ目は矢印位置に針を入れ、

26 未完成のリフ編みをもう1つ編む。

27 7 と同様に編み糸を指で押さえて（♥）、針に糸をかけ、未完成のリフ編み2つを一気に引き抜く。

28 次に、1目めのリフ編みの頭（27 の♡）に針を入れる。

2段め

29 続けて、♥の空間に針を入れ、糸をかけて一気に引き抜く。27 で指で押さえていた糸の空間（♥）。

30 引き抜いたところ。

31 くさり目を編み、そのままくさり3目の高さまで糸を引き出し、2段めのリフ編みを編む。

32 続けて、リフ編み3目一度を編み図どおりに編み進める。

Materials & Tools ／作品に使用した材料と道具

糸

ドーナツ
リリヤーン形状のポリエステルをアクリルのリリヤーンで包んだ、軽さが特徴の超極太タイプの糸。糸割れの心配もなく、初心者でも編みやすいのが魅力です。アクリル55％、ポリエステル45％。200g玉巻、約100m。全8色。

原寸の糸見本

ドーナツと組み合わせた糸

エコアンダリヤ
木材パルプから生まれた天然成分の再生繊維でできている糸。レーヨン100％、1玉40g玉巻（約80m）。全54色。

アプリコ
優れた光沢を持つ上質なスーピマ綿を使用した糸。なめらかで編みやすい。綿（超長綿）100％、1玉30g玉巻、（約120m）。全28色。

フラックスTw
「草原のイメージ」をカラーテーマにしたナチュラルな糸。ベルギー産リネン73％、綿27％。1玉25g玉巻（約92m）。全7色。

道具

かぎ針
かぎ針は2/0号から10/0号（10/0号以上はmm表記）まであり、号数の数字が大きくなるほど太くなります。ドーナツの適合針は10/0号ですが、模様編みや糸の引き揃えなどに合わせて太さを使い分けましょう。
アミアミラクラクハンディセット（両かぎ針5本入り H250-805）
アミアミ竹製かぎ針（7mm）、（8mm）

とじ針
（太糸用／H250-706）
糸始末をしたり、編み地をとじ合わせるときなどに使う針。ドーナツは太糸用を使用。毛糸とじ針（6本セット）

段目リング（H250-708）
作品の目数や段数を数えるときや合印のマーカーなどとして使います。

ミニミニほつれ止め・マーカー（H250-708）
ドーナツは極太糸なので、段目リングのかわりに使ってもOK。外れにくく、使いやすい。

クラフトハサミ
（H420-001）
糸を切るときに使います。

その他の材料

マグネット付丸型ホック

マグネットで開閉がかんたんにできるホックです。取り付け位置に切り込みを入れ、ホックの爪を差し込んで折るだけ。あらかじめホック位置の裏に補強布をつけるとしっかりします。
マグネット付丸型ホック（18mm）アンティーク
（H206-041-3）

使用した作品　バイカラークラッチバッグ ▶P.23

ガラ紡（持ち手芯）

バッグやポーチなどの持ち手の中に入れ、補強する丸芯です。弾力のあるソフトタイプで、持ち手芯、手芯とも呼びます。作品では直径6mmを使用し、編み地でくるんでいます。

使用した作品　ショルダーバッグ ▶P.22

コンチョボタン

金属製の装飾ボタンのこと。エスニックな絵柄の他、ターコイズの飾りなどがついた存在感があるものも。クラッチバッグの留め具には少し大きめのコンチョボタンがおすすめです。

使用した作品　フラップクラッチバッグ ▶P.11

コンチョボタンのつけ方

ボタンにスウェードひもを通し、中央にボタンがくるようにする。ひもの両端をクラッチバッグのふたに通し、裏で固結びして使います。

商品についての問い合わせ先

P.38で紹介した糸と道具、P.39のマグネット付丸型ホックについての問い合わせは下記へお願いします。
※本書に掲載している情報は、2017年7月現在のものです。

ハマナカ株式会社　〒616-8585　京都府京都市右京区花園薮ノ下町2番地の3
TEL 075-463-5151　http://www.hamanaka.co.jp/

Materials & Tools　/作品に使用した材料と道具

その他の材料

コンシールファスナー

コンシールファスナーはかみ合わせ部分の金属が表に見えないファスナー。ファスナーが目立たないので、ワンピースやスカートなどによく使われます。

使用した作品　ファスナーポーチ ▶P.26

こちらは一般的な金属ファスナーを使用。ファスナーの布部分の色を作品のアクセントにしても◎。
使用した作品　テトラポーチ ▶P.16

スパンコール

キラキラと光を反射するスパンコール。今回はバッグのアクセントとして直径20mmの存在感のあるタイプを使用しました。編みつけるコットン糸を通しやすい大きめの穴もポイント。

使用した作品　スパンコールバッグ ▶P.6

スパンコールのつけ方

・スパンコールはバッグ本体を編み終えてから、細いコットン糸で編みつけます。
・スパンコールはあらかじめ必要量をコットン糸に通しておきます。
※プロセスはわかりやすいように糸の色とスパンコールを作品とはかえています。

1 スパンコールをつける段の、すじ編みの1目めと2目めから糸を引き出し、

2 2目めを1目めに引き抜く。

3 スパンコールを1枚送り込み、針に糸をかけて引き抜く。

4 同様にして編み図の指定どおりにスパンコールをつけていき、最後は段の終わりの引き抜き目にもスパンコールを編みつける。

太糸ならではのポイントテクニック

▶糸輪の作り目

糸輪を2重にするのが一般的な方法ですが、太糸の場合は1重の輪にして、糸端を編みくるんでいくときれいにしぼることができます（P.78参照）。

▶糸始末の仕方

糸端をとじ針で始末するときは、針の穴のある方(★)を上にして編み目に通していくと、編み地に引っかかりにくく、通しやすくなります。

How to make

製作に必要な材料と道具、
作品の編み図を紹介します。
編むときの手加減は人それぞれなので、
作り方に記載された寸法を確認しながら
あせらずゆっくり編み進めてください。

A ドット模様のトートバッグ　Photo ▶ P.4

材料と用具

▶糸
ハマナカドーナツ
赤（7）210g、ベージュ（2）70g
▶針
かぎ針7mm
▶できあがりサイズ
図参照
▶ゲージ
こま編みのすじ編みの編み込み模様
　　　　9.5目×9段（10cm平方）
こま編み　10目×10.5段（10cm平方）

編み方　＊糸は1本どりで編む。

1. 糸端を輪にする作り目で赤の糸を編み始め、こま編みで増し目をしながら11段編む。
2. 側面はこま編みのすじ編みの編み込み模様（配色糸を編みくるむ方法）で14段編む。次の段の9目めまで編んだら、赤の糸は切らずに休めておく。
3. 持ち手は持ち手位置に別の赤の糸をつけ、くさり16目の作り目をし、12目めに引き抜いて持ち手口を作る。
4. 側面で休めておいた赤の糸で、続けて縁編みを2段編む。持ち手口の作り目からは上半目と裏山を拾う。

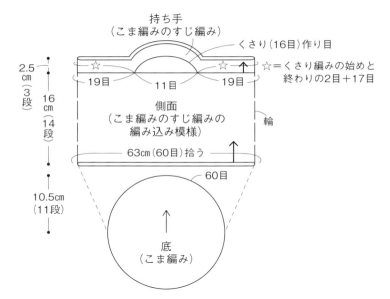

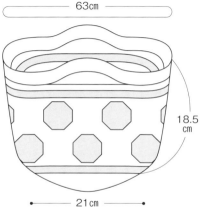

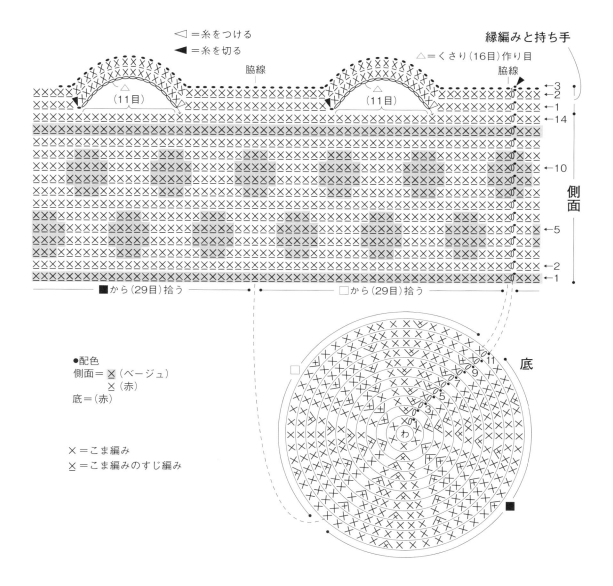

B 透かし模様のフロアマット　Photo ▶ P.5

材料と用具
▶糸
ハマナカドーナツ　白(1) 365g
▶針
かぎ針10/0号
▶できあがりサイズ
直径60cm

編み方　＊糸は1本どりで編む。
くさり6目を編んで輪にし、図を参照して15段編む。

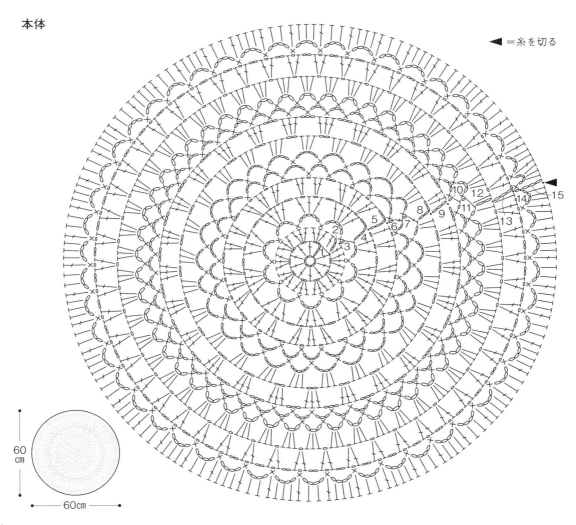

◀=糸を切る

本体

60cm × 60cm

L, M テトラポーチ　Photo ▶ P.16

材料と用具
▶糸
L:ハマナカドーナツ　白(1) 95g
M:ハマナカドーナツ　ベージュ(2) 95g
▶針
かぎ針10/0号
▶その他
ファスナー・14cm(L:ベージュ、M:茶)を各1本、縫い針、木綿糸
▶できあがりサイズ
図参照
▶ゲージ
こま編み　9.3目×7.2段(10cm平方)

編み方　＊糸は1本どりで編む。
1. くさり14目の作り目をし、細編みで26段編む。
2. 編み地の裏を内側にして二つ折りし、片端をまつり合わせる。
3. 2の編み地を開き、空き口が中央になるようにもう一方の端を折り直し、まつり合わせる。
4. 空き口の内側にファスナーを縫いつける。
5. ひもを編み、本体頂点の目に通し、編み地の裏面でひと結びする。

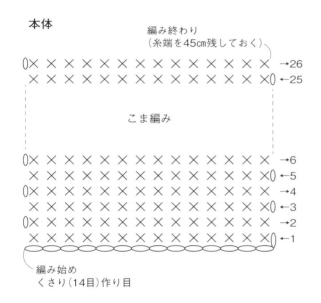

● 仕上げ方

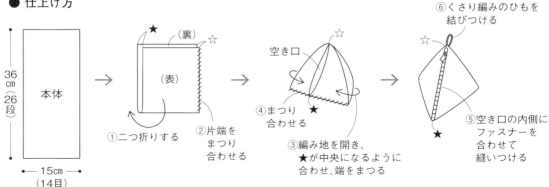

45

C スパンコールバッグ　Photo ▶ P.6

材料と用具
▶糸
ハマナカドーナツ　黒(8) 395g
アプリコ　黒(24) 3g
▶針
かぎ針10/0号、4/0号
▶その他
スパンコール(直径20mm・黒)を111枚
▶できあがりサイズ
図参照
▶ゲージ
こま編み　9.6目×10段(10cm平方)

編み方　*糸は1本どりで編む。

1. 太糸(ドーナツ・黒)で糸端を輪にする作り目をして編み始め、こま編みで増し目をしながら12段編む。
2. 側面は増減なくこま編みを15段編み、こま編みのすじ編みを2段編む。
3. 細糸(アプリコ・黒)にスパンコールを111枚通し、28段、29段めのすじ編みの半目と、29段めの頭の外側半目の指定の目にスパンコールを編みつけながら、引き抜き編みを編む。
4. 持ち手をこま編みで編み、入れ口の内側に4cm重ねてとじつける。

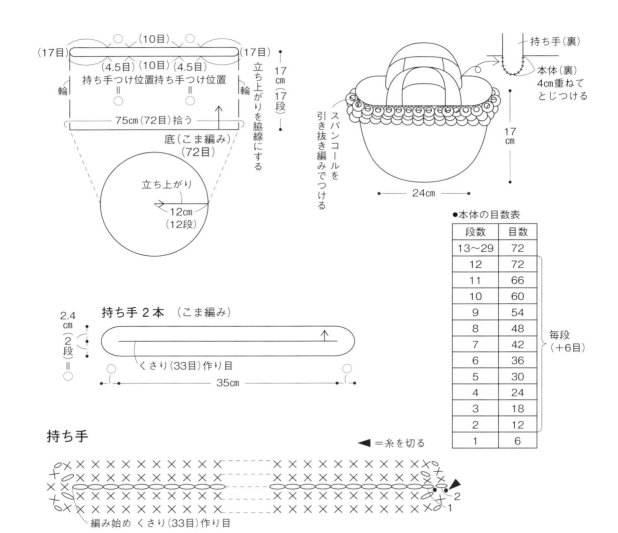

●本体の目数表

段数	目数
13～29	72
12	72
11	66
10	60
9	54
8	48
7	42
6	36
5	30
4	24
3	18
2	12
1	6

毎段(+6目)

本体

立ち上がりの引き抜き編みにもスパンコールを編み込む

・ =スパンコール編み込み位置
※編み込み方は別図（スパンコールのつけ方）参照

◀ =糸を切る

14〜26段 増減なし

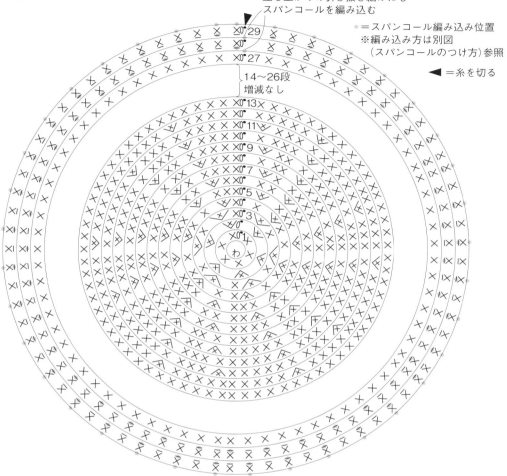

● スパンコールのつけ方

①本体の編み地を逆さに持ち、細糸（アプリコ・黒）をつけて本体のすじ編みの半目・にスパンコールを編み込みながら引き抜き編みを編む

②矢印のように次段に編み進む

④編み終わりはくさり1目を作ってとめる(P.79)

③30段めは頭の外側半目に引き抜き編みを編む

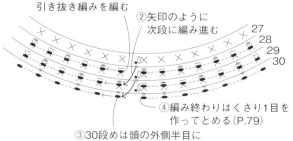

②針先に糸をかけて引き抜くときにスパンコールを編み込む

①半目に針を入れて糸を引き出す

D ルームシューズ Photo ▶ P.8

材料と用具
▶糸
ハマナカドーナツ　からし (3) 210g
▶針
かぎ針9/0号
▶できあがりサイズ
図参照
▶ゲージ
こま編み　10目×10.5段 (10cm平方)

編み方　＊糸は1本どりで編む。

1. くさり3目の作り目をし、つま先を輪編みで増し目しながら6段編む。
2. 続けて甲と底を輪編みの往復編みで5段編んで糸を切る。
3. 側面と底は中央5目を休めて新しく糸をつけ、往復編みで14段編んで糸を切る。
4. かかとは中央5目を7段編む。
5. かかとと側面をそれぞれ半目ずつ拾って巻きかがりでとじる。
6. はき口に縁編みを編み、編み終わりはくさり1目を作ってとめる (P.79)。
7. ストラップとボタンを編んで側面につける。同様にもう1つ編み、ストラップとボタンを左右対称になるようにつける。

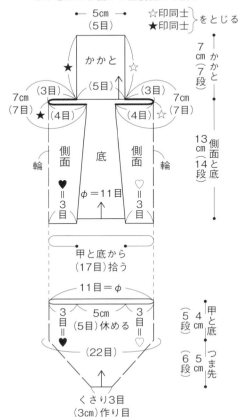

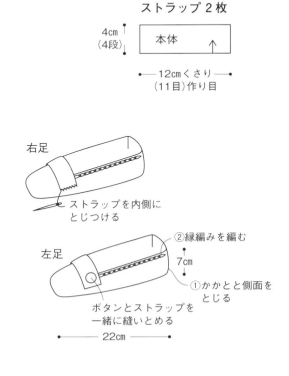

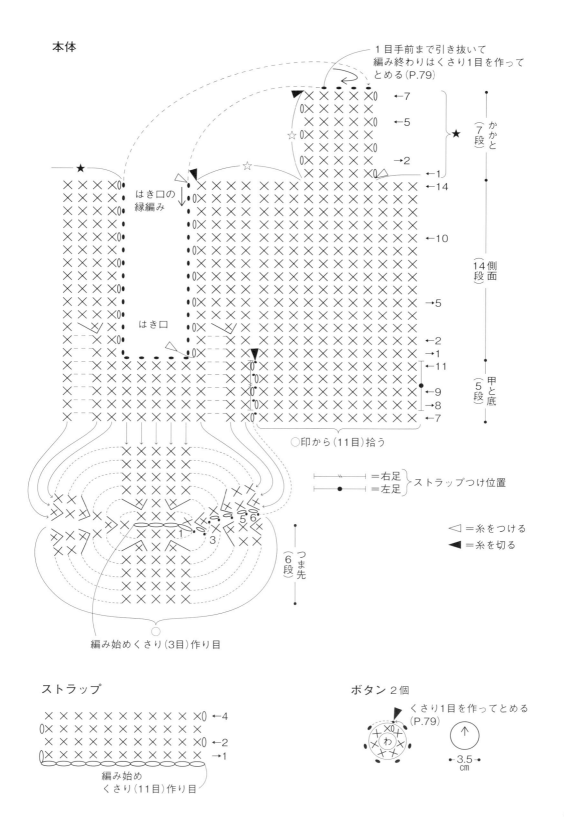

E ヘリンボーンクロッシェのマリンバッグ　Photo ▶ P.9

材料と用具

▶糸
ハマナカドーナツ
紺 (6) 160g、白 (1) 145g
▶針
かぎ針8mm
▶できあがりサイズ
図参照
▶ゲージ
ヘリンボーンクロッシェ
11.5目×8段 (10cm平方)

編み方　*糸は1本どりで編む。

1. 紺の糸でくさり16目の作り目をし、立ち上がりのくさり1目とこま編み1目編む。2目めからはヘリンボーンクロッシェの表編みで1段編み、引き抜いて2段めに編み進む。2〜4段は1目めをこま編みで編み、2目めからはヘリンボーンクロッシェの表編みで両端で増し目をしながら編む。

2. 側面は底から続けてヘリンボーンクロッシェの表編みで1段編み、2段めはヘリンボーンクロッシェの裏編みで編む。3段めからは表編みと裏編みを1段ごと交互に編む(配色は図参照)。15段めで指定位置にくさり16目で持ち手口を作り、16段めは持ち手口のくさりからは裏山を拾って裏編みで編む。17段めは表編みで編む。縞模様で配色糸にかえたときの糸端は切らずに休めておき、次の配色のときに引き上げて編む。

3. 17段めと、持ち手口の周囲に縁編みの引き抜き編み1段を編む。

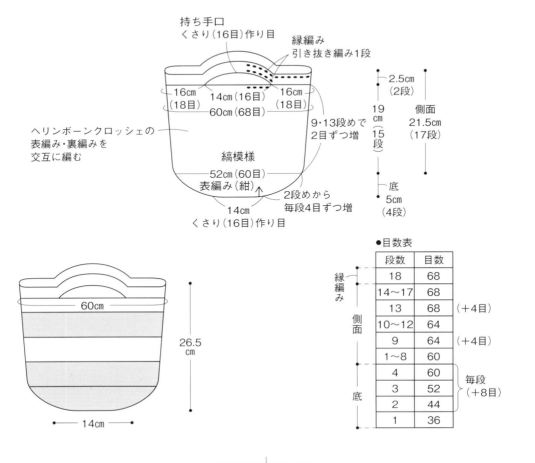

●目数表

	段数	目数	
縁編み	18	68	
	14〜17	68	
側面	13	68	(+4目)
	10〜12	64	
	9	64	(+4目)
	1〜8	60	
底	4	60	毎段 (+8目)
	3	52	
	2	44	
	1	36	

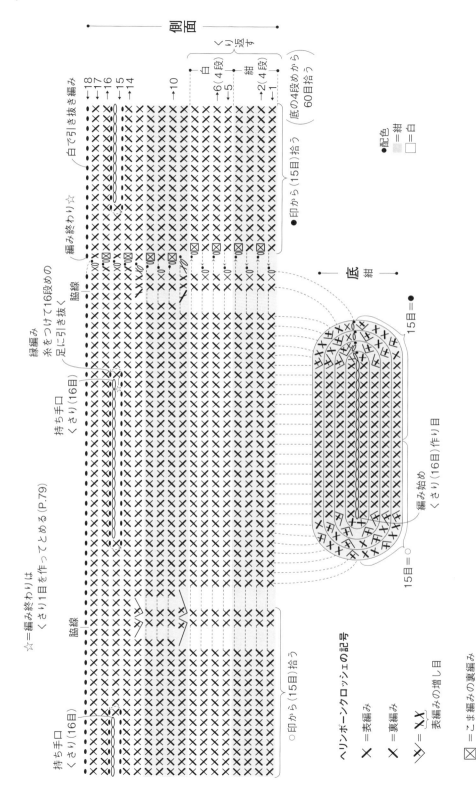

F ペタンコバッグ　Photo ▶ P.10

材料と用具

▶糸
ハマナカドーナツ　白 (1) 170g
ハマナカエコアンダリヤ
ベージュ (23) 36g、オフホワイト (168) 12g
▶針
かぎ針7mm
▶できあがりサイズ
図参照
▶ゲージ
すじ編み　8目×8段 (10cm平方)

編み方

※糸はドーナツとエコアンダリヤの2本どりで編む。
※編み図はG・フラップクラッチバッグと共通 (図内の指示を参照)。

1. ドーナツ (白) とエコアンダリヤ (ベージュ) の糸でくさり20目の作り目をし、両端で増し目をしながらこま編みを2段編む。
2. 側面は底から続けてこま編みのすじ編みを増減なく12段編む。
3. 持ち手はドーナツ (白) とエコアンダリヤ (オフホワイト) の糸ですじ編みを1段編む。2段めはこま編みで、指定位置にくさり12目の作り目をして持ち手口を作る。3段めは持ち手口のくさりから裏山を拾ってこま編みで編み、4段めは引き抜き編みを編む。

本体　※本体の編み図は、F・ペタンコバッグとG・フラップクラッチバッグ共通。

F・ペタンコバッグ…底と側面はドーナツ 白(1)とエコアンダリヤ ベージュ(23)の2本どり、
　　　　　　　　　入れ口はドーナツ 白(1)とエコアンダリヤ オフホワイト(168)の2本どりで編む。
G・フラップクラッチバッグ…本体を指定の糸で12段めまで編む。

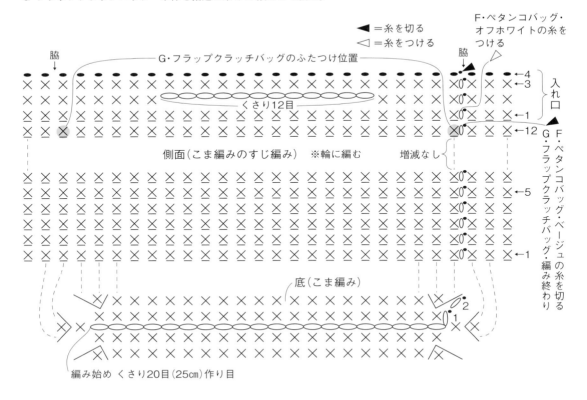

●目数表

段数	目数	
3〜19	48	増減なし
2	48	（+6目）
1	42	
作り目	20	

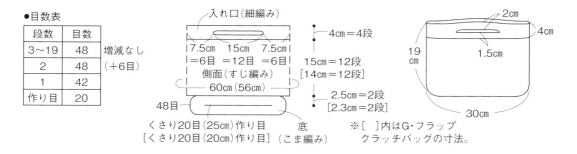

※[ ]内はG・フラップ
クラッチバッグの寸法。

G　フラップクラッチバッグ　Photo ▶ P.11

材料と用具

▶糸
ハマナカドーナツ　青緑(5) 200g
▶針
かぎ針10/0号
▶その他
コンチョボタン(3×2.5cm)を1個、スウェードひも
(3mm幅/こげ茶)を1.6m
▶できあがりサイズ
図参照
▶ゲージ
すじ編み　8.7目×8.6段(10cm平方)

編み方　＊糸は1本どりで編む。

1. ドーナツの糸1本で、底2段と側面12段をFペタンコバッグの編み図で編む。
2. ふたは糸端を輪にする作り目で編み始め、模様編みで5段編む。続けて、こま編みを1周編む。
3. 本体にふたをまつりつけ、コンチョボタンにスウェードひもを通し、指定の位置に結びつける(P.39参照)。

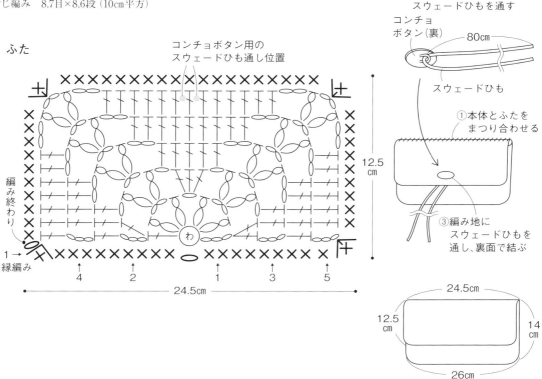

H, I クッションカバー　Photo ▶ P.12

材料と用具
▶糸
I グレー：ハマナカドーナツ　グレー (4) 560g
H ベージュ：ハマナカドーナツ
白 (1) 400g　ベージュ (2) 150g
▶針
かぎ針10/0号
▶できあがりサイズ
36×38cm
▶ゲージ
こま編み、模様編み　8.5目×10段 (10cm平方)

編み方　＊糸は1本どりで編む。

1. くさり32目の作り目をし、こま編みで26段、模様編みで38段、こま編みで16段編む。配色は図参照。図内の「こま編みの裏引き上げ目」は、模様を編むときは裏を見て編むので、実際は「こま編みの表引き上げ目」を編む。
2. 編み始めと編み終わりが3cm重なるように編み地を折りたたむ。
3. 両脇をコの字とじでとじる。

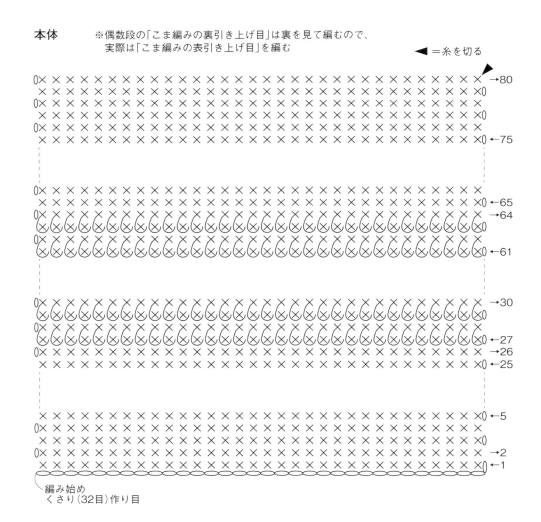

本体　※偶数段の「こま編みの裏引き上げ目」は裏を見て編むので、実際は「こま編みの表引き上げ目」を編む

◀ ＝糸を切る

編み始め
くさり(32目)作り目

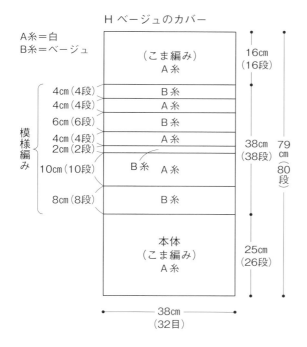

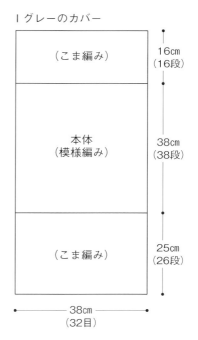

● 仕上げ方

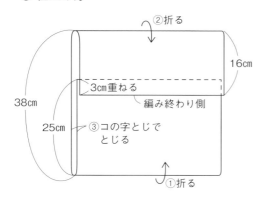

● コの字とじ

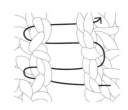

編み地の裏側同士をつき合わせ、コの字状に糸を渡して段と段をとじ合わせる。糸を引きすぎず、とじ代を薄く仕上げるのがコツ。

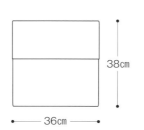

J スタークロッシェのバッグ Photo ▶ P.13

材料と用具
▶糸
ハマナカドーナツ 白(1) 325g
▶針
かぎ針7mm
▶できあがりサイズ
図参照
▶ゲージ
こま編み 9.5目、10段(10cm平方)
模様編み 9.5目、6段(10cm平方)

編み方 ＊糸は1本どりで編む。

1. 糸端を輪にする作り目で編み始め、こま編みで増し目をしながら10段編む。
2. 側面は底から30模様拾い目し、2段めで66目に増し目する。3段めから12段めまで増減なく編み、編み糸を休めておく。
3. 持ち手位置に別の白の糸をつけてくさり16目の作り目をし、引き抜いて持ち手口を作る。
4. 側面12段めで休めておいた糸で、続けて縁編みと持ち手を3段編む。持ち手口のくさり編みからは上半目と裏山を拾って編む。

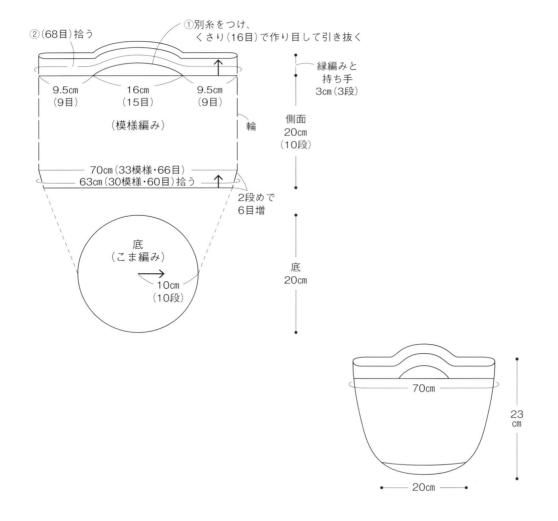

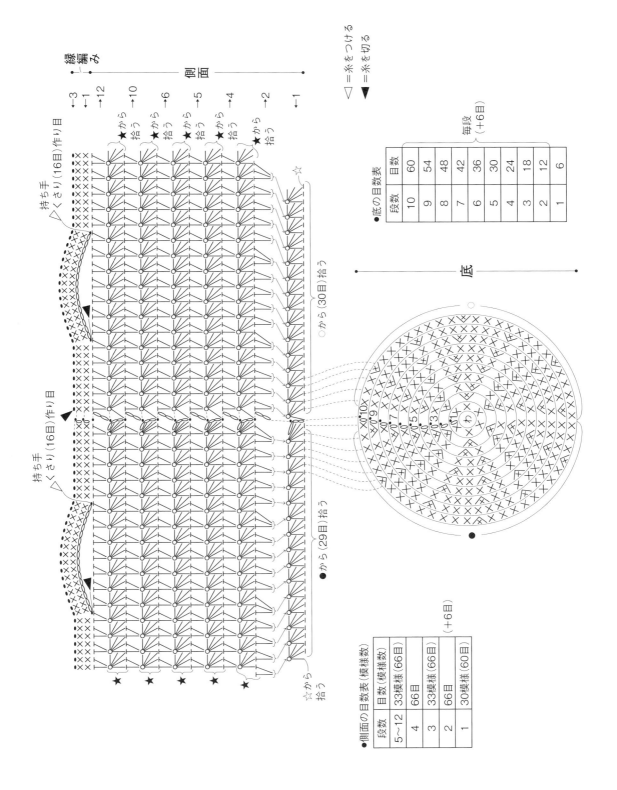

K サークルハンドバッグ　Photo ▶ P.14

材料と用具
▶糸
ハマナカドーナツ　赤(7) 375g
▶針
かぎ針7.5/0号、10/0号
▶できあがりサイズ
図参照
▶ゲージ
こま編み　10目×10段(10cm平方)

編み方　*糸は1本どりで編む。

1. 側面は糸端を輪にする作り目で編み始め、こま編みを増し目をしながら12段編む。2枚編む。
2. マチはくさり10目の作り目をし、こま編みのうね編みを62段編む。
3. 持ち手は三つ編みで作り、両端を共糸で結んでおく。
4. ループは鎖編みを22目編む。
5. ボタンの編み終わりは、くさり1目を作ってとめる(P.79)。
6. 当て用編み地はこま編みで4枚編む。
7. 側面とマチを2枚一緒に引き抜き編みを編んでとじ合わせ、続けて入れ口に引き抜き編みを編む。持ち手をとじつけ、当て用編み地をかぶせてとじつける。ループ、ボタンをつけて仕上げる。

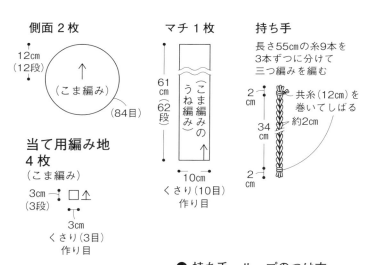

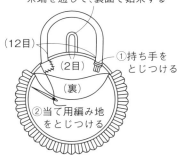

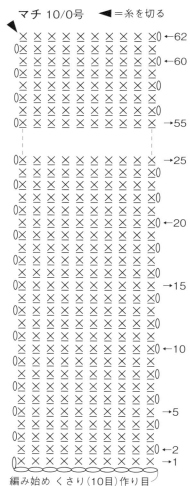

側面 10/0号

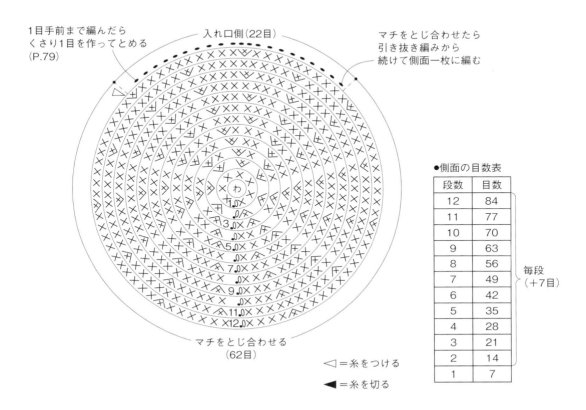

●側面の目数表

段数	目数	
12	84	
11	77	
10	70	
9	63	
8	56	毎段 (+7目)
7	49	
6	42	
5	35	
4	28	
3	21	
2	14	
1	7	

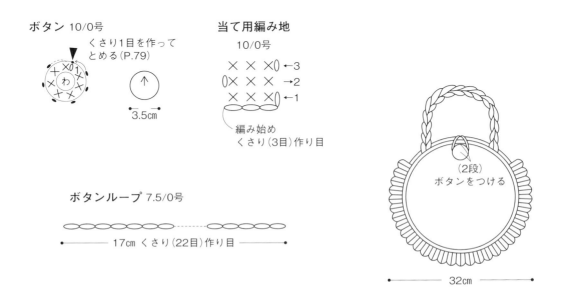

N　編み込み模様の円座　Photo ▶ P.17

材料と用具

▶糸
ハマナカドーナツ
からし (3) 135g、紺 (6) 55g、白 (1) 45g

▶針
かぎ針7mm

▶できあがりサイズ
直径40cm

▶ゲージ
こま編みのすじ編みの編み込み模様
9目×8段 (10cm平方)

編み方　＊糸は1本どりで編む。

糸端を輪にする作り目で編み始め、こま編みのすじ編みの編み込み模様（配色糸を編みくるむ方法）で14段編み、続けて縁編みを1段編む。

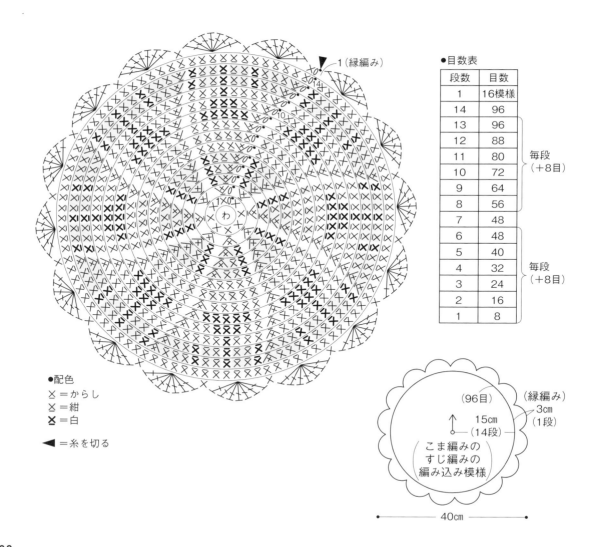

●配色
× ＝からし
× ＝紺
× ＝白

◀ ＝糸を切る

●目数表

段数	目数	
1	16模様	
14	96	
13	96	毎段 (＋8目)
12	88	
11	80	
10	72	
9	64	
8	56	
7	48	
6	48	
5	40	毎段 (＋8目)
4	32	
3	24	
2	16	
1	8	

U ファスナーポーチ Photo ▶ P.26

材料と用具

▶糸
ハマナカドーナツ　青緑 (5) 65g
フラックスC　ベージュ (3) 10g
▶針
かぎ針10/0号
▶その他
コンシールファスナー・50cm（紺）を1本、縫い針、待ち針、ミシン糸（紺）
▶できあがりサイズ
図参照

編み方　＊糸は青緑とベージュの2本どりで編む。

1. くさり12目の作り目をし、図のように増し目をしながらこま編み、中長編み、長編みで5段編む。
2. 二つ折りした編み地の寸法に合わせてファスナーをカット（編み地の半周＋ファスナー端の1.5cm）する。
3. ファスナーを編み地（裏）の端に返し縫いで縫いつける。

本体

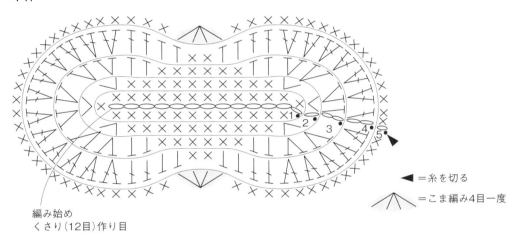

◀＝糸を切る
⋀＝こま編み4目一度

編み始め
くさり（12目）作り目

● **仕上げ方**

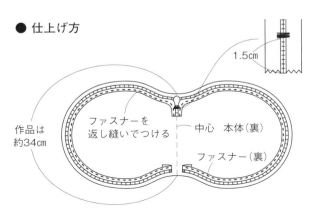

ファスナーは
「編み地半周の長さ＋1.5cm」で
カットし、開きどまり位置を
何度か縫いとめてから使う
※必ず編み地を測ってからカットする

O | 2way クラッチバッグ　Photo ▶ P.18

材料と用具

▶糸
ハマナカドーナツ
青緑 (5) 187g、紺 (6) 55g
▶針
かぎ針10/0号
▶その他
スナップボタン（直径1.4cm）を1組、縫い針、縫い糸
▶できあがりサイズ
図参照
▶ゲージ
こま編み　本体：10目×10段（10cm平方）
　　　　　持ち手：8目×8段（10cm平方）

編み方　＊糸は1本どりで編む。

1. 青緑の糸でくさり26目の作り目をし、こま編みを16段編む。
2. 縁編みは紺の糸をつけて側面の前中央でタックをとり、48目拾い目して3段編む。
3. 持ち手は紺の糸でくさり42目の作り目をし、1段めは上半目と裏山を拾ってこま編みを2段編む。
4. 持ち手とスナップボタンをつけて仕上げる。

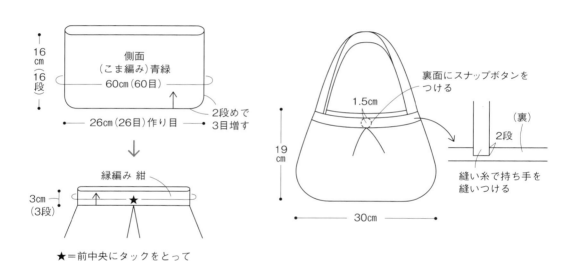

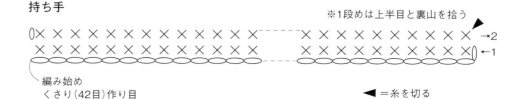

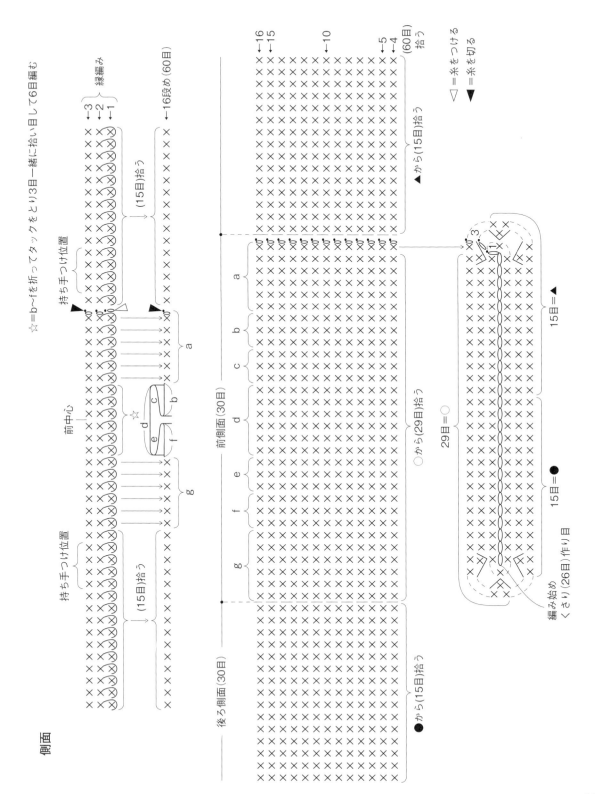

P コイル編みの角座　Photo ▶ P.20

材料と用具
▶糸
ハマナカドーナツ
赤 (7) 200g、白 (1) 190g、黒 (8) 50g
▶針
かぎ針10/0号
▶できあがりサイズ
図参照
▶ゲージ
モチーフ　8.5cm×8.5cm (1モチーフ)

編み方　＊糸は1本どりで編む。

1. 花A・A'・Bを指定の順序で編みつなぐ (P.35参照)。花A・Bは1段めの編み終わりから続けて茎a・bを編み出す。
2. 茎a'・b'・cを指定位置に糸をつけて編み、花の裏に2目重ねてとじつける。

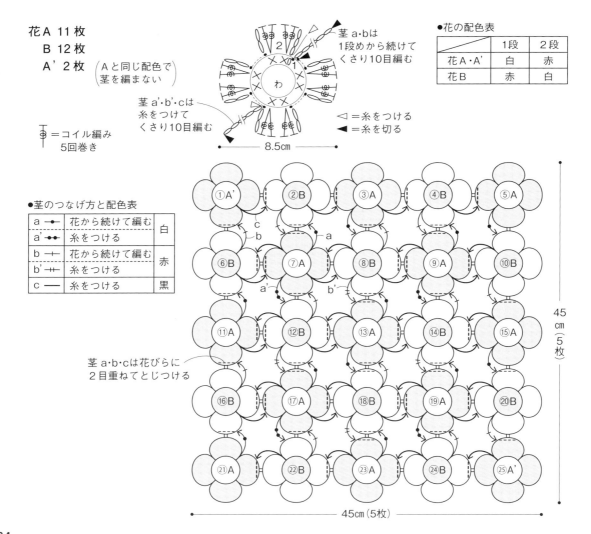

● 花のつなげ方と茎の編み方　※図内の◁は茎を編むために糸をつける位置（花自体の◁、◀位置は省略）。

◁＝糸をつける

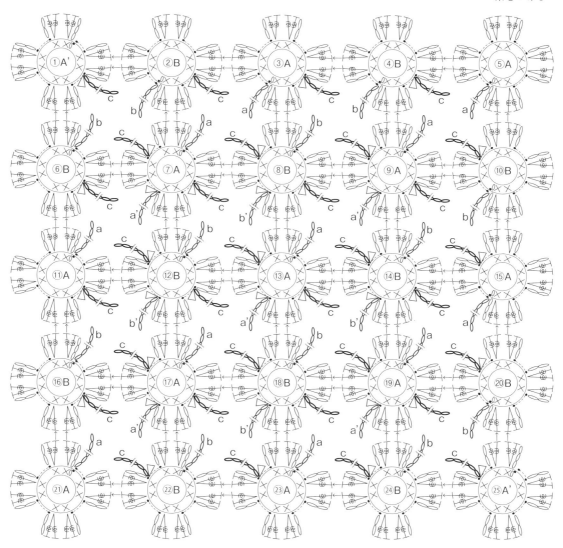

★花A・A'・Bを①～㉕の順に編みつなぐ

★茎は下記のように編む
＜花から続けて編む茎＞
・茎aは花Aの1段めの編み終わりの糸端で編む
・茎bは花Bの1段めの編み終わりの糸端で編む
＜糸をつけて編む茎＞
・茎a'は花Aに、茎b'は花Bに、
　茎cは花A・A'・Bに新しく糸をつけて編む

V　ヘアバンド　Photo ▶ P.27

材料と用具
▶糸
ハマナカドーナツ　グレー (4) 24g
ハマナカフラックスTw　杢濃紺 (706) 25g
▶針
かぎ針4/0号
▶できあがりサイズ
幅10×頭まわり50cm
▶ゲージ
模様編み30目×17段（10cm平方）

編み方　＊糸は1本どりで編む。

1. 杢濃紺の糸でくさり30目の作り目をする。
2. グレーの糸を合わせて持ち、杢濃紺の糸でグレーの糸を編みくるみながら立ち上がりのくさり目を1目編む。
3. 続けて杢濃紺の糸で、編み図のこま編みを編むときに、グレーの糸をくるみながら85段まで編む。1段編むごとに編み地の幅が10cmになるように調節する。
4. 編み地を1回ねじり、編み始めと編み終わりを合わせ、巻きかがりで輪にする。

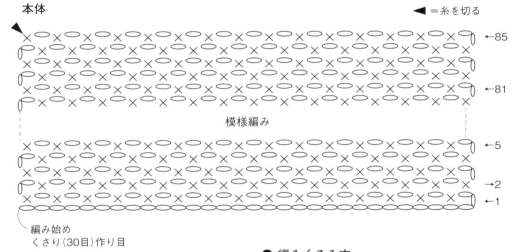

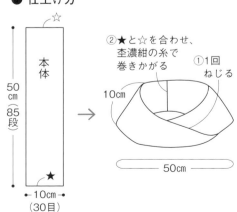

● 編みくるみ方
※杢濃紺の糸をA糸、グレーの糸をB糸とする

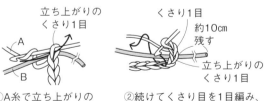

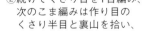

Q ショルダーバッグ　Photo ▶ P.22

材料と用具

▶糸
ハマナカドーナツ　グレー(4) 515g
▶針
かぎ針10/0号
▶その他
ファスナー・38cm(グレー)を1本、ガラ紡・直径6mmを55cm、Dカン・幅3cmを2個、ボタン・直径3.2cmを1個、縫い針、縫い糸
▶できあがりサイズ
図参照
▶ゲージ
こま編みのうね編み
10目×11.5段(10cm平方)
こま編み　10目×10段(10cm平方)

編み方　＊糸は1本どりで編む。

1. 側面はくさり40目の作り目をし、こま編みのうね編みで38段編む。
2. 脇はくさり15目の作り目をし、底側で増し目をしながら4段編む。2枚編む。
3. 本体と脇を中表に合わせ、引き抜き編みでとじる。
4. 入れ口側の縁編みを編む。
5. 側面と脇の段から全体で76目拾い目して4段編む。4段めは前段の手前半目を拾って編む。
6. 肩ひも、ふたを1枚、Dカン通しを2枚編む。肩ひもはガラ紡を入れ、端から6目を残して作り目と3段めを内側半目の巻きかがりでとじる。
7. Dカンに肩ひも、Dカン通しを通し、折り返してとじる。ふたをとじつけ、ファスナーを縫いつける。まとめた肩ひものDカン通しを本体の脇にとじつけて仕上げる。

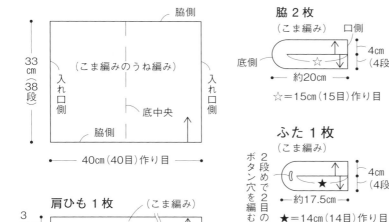

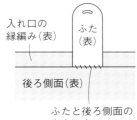

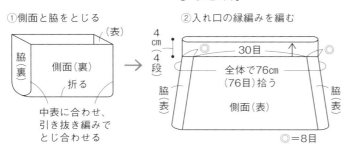

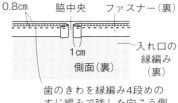

入れ口の縁編み ※編み始めはP.69

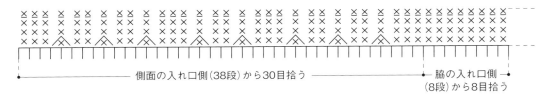

◀=糸を切る

脇

編み始め くさり(15目)作り目

ふた

編み始め くさり(14目)作り目

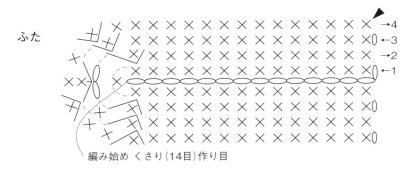

肩ひも ※1段めは裏山を拾って編む

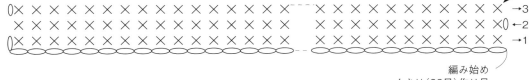

編み始め くさり(66目)作り目

● **ガラ紡の入れ方**

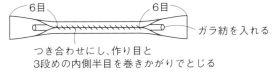

6目　6目
ガラ紡を入れる
つき合わせにし、作り目と
3段めの内側半目を巻きかがりでとじる

入れ口の縁編み
※縁編み4段めの✕（こま編みのすじ編み）は、前段の手前半目に編む

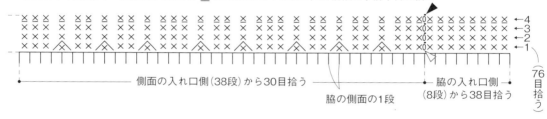

側面

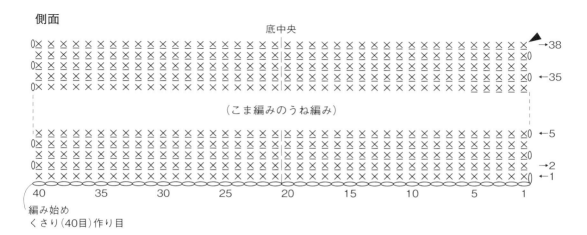

Dカン通し

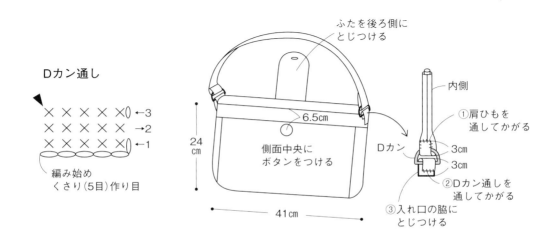

R バイカラークラッチバッグ　Photo ▶ P.23

材料と用具
▶糸
ハマナカドーナツ
グレー(4) 200g、からし(3) 110g
▶針
かぎ針10/0号
▶その他
木綿地・31cm×53cm(無地)、マグネット付丸型ホック(H206-041-3/アンティーク)18mm・1個、縫い針、縫い糸
▶できあがりサイズ
図参照
▶ゲージ
模様編みA
12目(4模様)×7.5段(10cm平方)
模様編みB　9目×5.3段(10cm平方)

編み方　*糸は1本どりで編む。

1. 本体は模様編みA、ふたは模様編みBで編み、ふたは三辺にこま編み1段の縁編みを編む。
2. 本体は外表に二つ折りにして脇を巻きかがりでとじ、ふたを本体の作り目側と中表に合わせ、ふたは内側半目を拾って引き抜きはぎではぐ。
3. 内袋を作り、マグネット付丸型ホックをふたは内布、本体は前側の編み地につける。本体に内袋を入れ、ふたの周囲と前側面の入れ口側に1cm折り返してまつる。

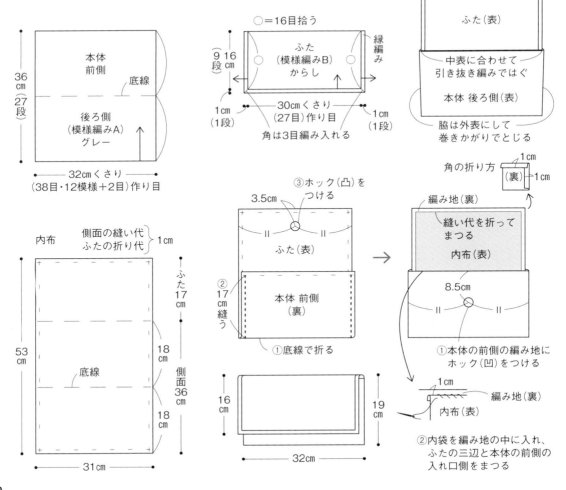

ふた　模様編みB

※偶数段の「長編みの表引き上げ目」は裏を見て編むので、
実際は「長編みの裏引き上げ目」を編む

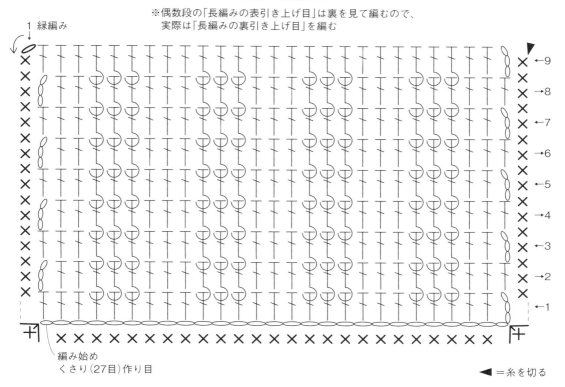

本体　模様編みA

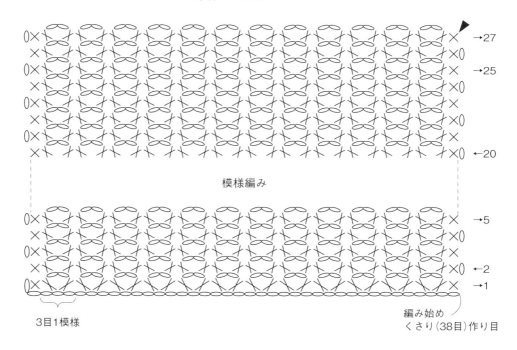

S,T　リフ編みの小物かご　Photo ▶ P.24

材料と用具

▶糸
S グレー：ハマナカドーナツ　グレー (4) 185g
T 白：ハマナカドーナツ　白 (1) 185g
▶針
かぎ針10/0号
▶できあがりサイズ
図参照
▶ゲージ
こま編み　10.3目×9.2段 (10cm四方)
リフ編み　3.2模様×3.5段 (10cm四方)

編み方　＊糸は1本どりで編む。

1. 糸端を輪にする作り目で編み始め、こま編みで増し目をしながら6段編む。
2. 側面は底から続けてリフ編みを3段、縁編みと持ち手のこま編みを3段編む。持ち手口は2段めでくさり9目を編み、3段めは前段のくさりを束に拾ってこま編みを10目編む。

※束に拾う…くさりの下の空間に針を入れ、くさりをくるむように指定の編み目を編む

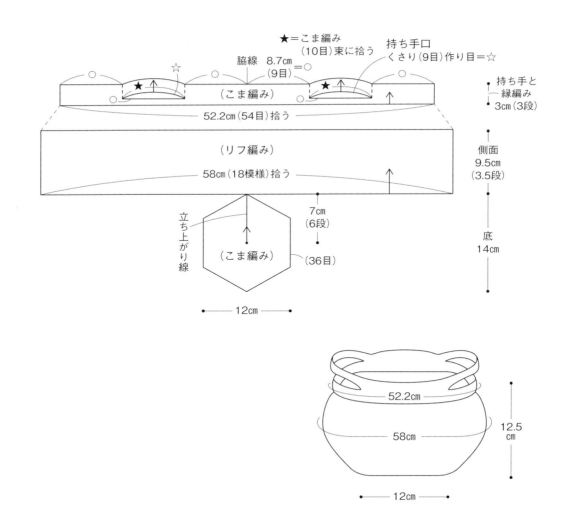

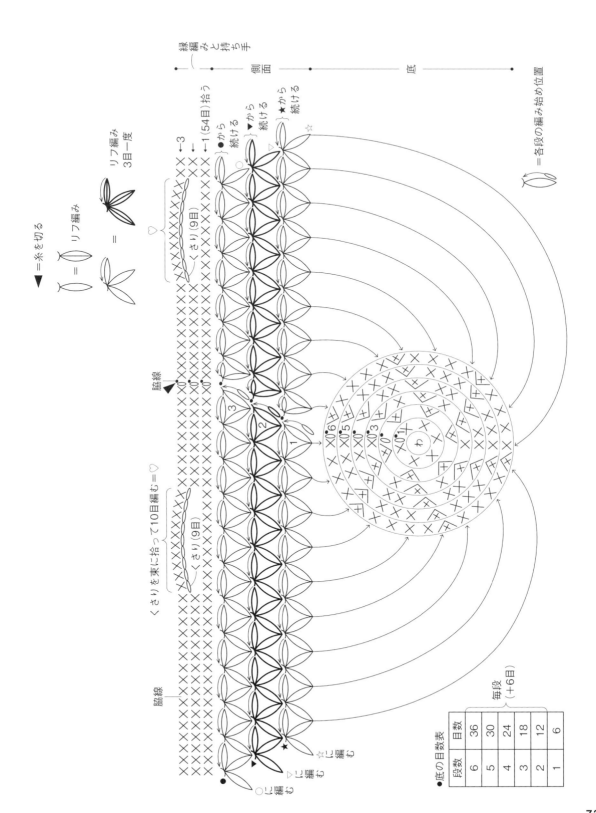

W | 収納かご　Photo ▶ P.28

材料と用具

▶糸
ハマナカドーナツ
からし (3) 200g、ベージュ (2) 195g
▶針
かぎ針10/0号
▶できあがりサイズ
図参照
▶ゲージ
こま編み　11目×11.5段 (10cm平方)

編み方　＊糸は1本どりで編む。

1. 糸端を輪にする作り目でからしの糸を編み始め、こま編みで増し目をしながら16段編む。
2. 側面は底から続けてこま編みを編み、5段めはこま編みとくさり編みを交互に編む。続けて、模様編みA、Bを各4段編む。6段めの中長編みは5段めのくさりを編みくるんで4段めに編む。10段めは裏引き上げ長編みを中長編みにかえて編み、模様編みBを折り返しやすくする。

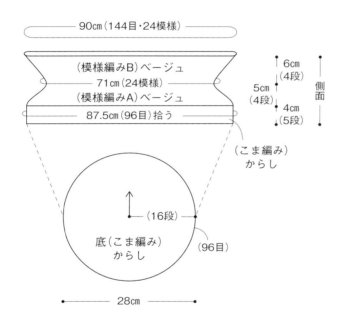

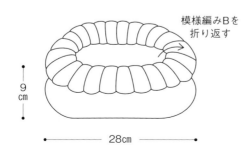

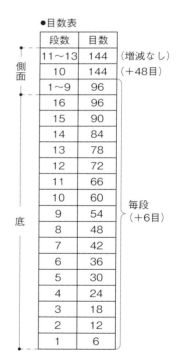

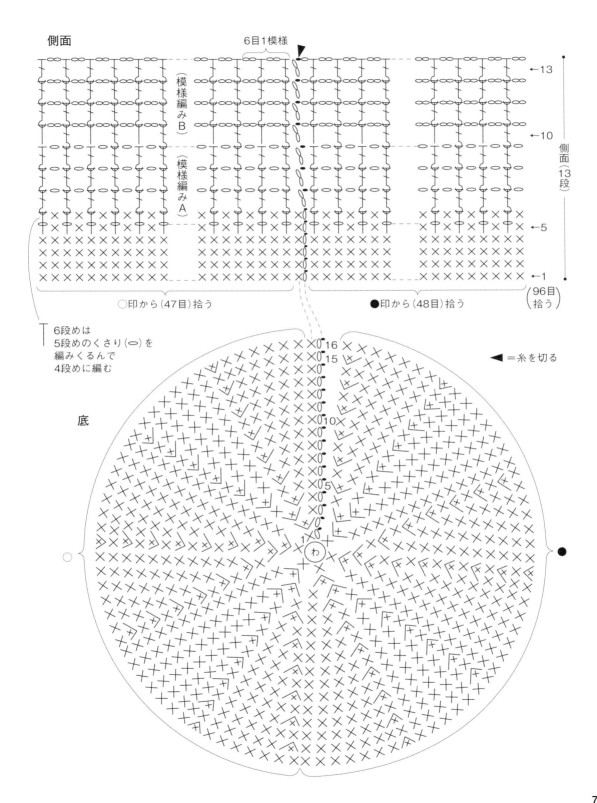

X ジグザグ模様のななめがけバッグ　Photo ▶ P.29

材料と用具
▶糸
ハマナカドーナツ
ベージュ(2) 200g、白(1) 85g
▶針
かぎ針10/0号
▶その他
革ひも・直径0.3cmを42cm、ボタン・直径2.5cmを1個、木綿地7cm×5cm(無地)、縫い針、縫い糸
▶できあがりサイズ
図参照
▶ゲージ
中長編みの編み込み模様
10目×7段(10cm平方)
こま編み　10目×10段(10cm平方)

編み方　＊糸は1本どりで編む。

1. 底は糸端を輪にする作り目で編み始め、こま編みで増し目をしながら8段編む。
2. 側面は底から続けて中長編みの編み込み模様(配色糸を編みくるむ方法)を14段、こま編みを1段編む。
3. 肩ひもを本体から編み出し、反対側にとじつける。
4. ボタンをとめるループは当て布に革ひもを縫いつけ、本体に当て布をまつる。長さを決めてひも先を結ぶ。

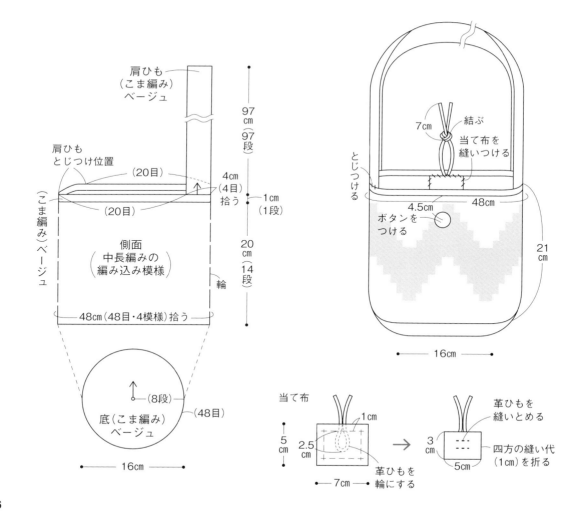

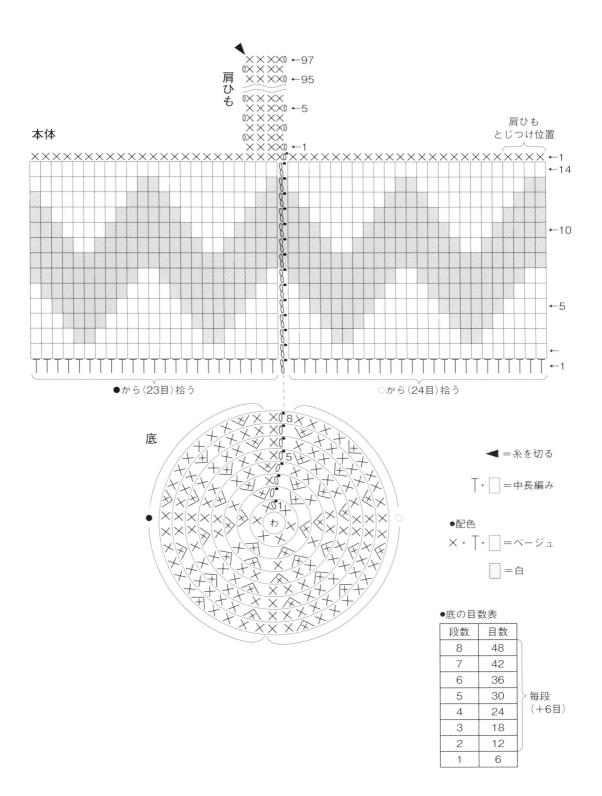

Basic method used in crochet

かぎ針編みの基礎テクニック

糸端を輪にする作り目
※1重の糸輪で編み始める方法

1 針を糸の向こう側にあて、針を一回転させて輪を作る。

2 輪ができたところ。

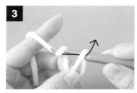
3 糸が交差した部分を指で押さえ、針に糸をかけて引き出す。

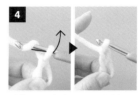
4 再度、針に糸をかけて引き抜く。糸が太いので、この目を立ち上がりのくさり1目とする。

5 輪に針を入れ、糸をかけて引き出す。※このとき、編み始め側の糸端を輪に沿わせて持ち、編みくるむ。

6 針に糸をかけて針にかかったループを一気に引き抜く。

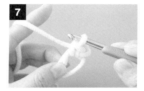
7 糸輪にこま編みが1目編めた。

8 同様に、輪に針を入れて必要目数のこま編みを編む。

9 糸端を引いて、糸輪をしぼる。

10 1目めの頭に針を入れ、

11 糸をかけて引き抜く。

12 糸端を輪にする作り目と1段めが編めた。

編み終わりの糸のとめ方

1 段の終わりの引き抜き編みを編んだら、再度、針に糸をかけて引き出す。

2 糸端が約15cm残るように糸を切る。※指定がある場合は、その長さに合わせて糸を切る。

3 針を引いて、ループから糸端を引き抜く。

4 編み終わりの糸がとまったところ。

◯ くさり編み

 1
 2
 3

※くさりの裏にできるコブのような山を裏山とよぶ

● 引き抜き編み

針を入れ、糸をかけて引き抜く

✕ こま編み

 1
 2
 3
 4

✕ こま編みのすじ編み

〈輪編みの場合〉
前段の頭の目の向こう側1本を毎段拾って、こま編みを編む

※こま編みのうね編みも記号は同じ。編み方は、往復編みの場合、前段の頭の目の向こう側1本を毎段（表も裏も同様に）拾って編む

T 中長編み

 1 立ち上がりのくさり2目／作り目／台の目
 2
 3
 4

∨ こま編み2目編み入れる

こま編みを1目編んだら、同じ目にもう一度編む

※「こま編み2目編み入れる」と同じ要領で、前後の1目 V は中長編みを2目、V は長編みを2目編み入れる

T 長編み

 1 土台の目／立ち上がりのくさり3目
 2
3
4
 5

⋏ こま編み2目1度

(image)

未完成のこま編みを2目編み、針を糸にかけて一気に引き抜く

中長編み2目の変わり玉編み

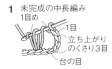 1 未完成の中長編み1目め／1目／立ち上がりのくさり3目／台の目
 2
 3
 4

✕ こま編みの表引き上げ目

 1
 2
 3
 4

※ は「こま編み表引き上げ編み」と同じ要領で、前段の1目に針を入れ、長編みを編む

T 長編みの裏引き上げ目

 1
 2
 3
 4

くさり1目を作るとめ方

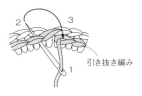

引き抜き編み

編み終わりの糸端を引き出してとじ針に通し（1）、図のように目に通してから（2）、編み終わりの目に入れ（3）、裏で糸始末する

こま編みのすじ編みの編み込みの仕方

 1 B色／A色
 2 B色／A色
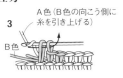 3 A色（B色の向こう側に糸を引き上げる）／B色

作品制作

今村曜子
小林 ゆか
すぎやまとも
せばたやすこ
野口智子
Ha-Na
Ronique

Sttaff

ブックデザイン　橘川幹子
撮影　松本のりこ
スタイリング　串尾広枝
製図　佐々木初枝
トレース　松尾容巳子（Mondo Yumico）
校閲　庄司靖子
編集　中田早苗
編集進行　鏑木香緒里

素材協力
ハマナカ株式会社
京都府京都市右京区花園薮ノ下町2番地の3
TEL 075-463-5151

撮影協力
TITLES
東京都渋谷区千駄ヶ谷 3-60-5
オー・アール・ディ原宿ビル 1F
TEL 03-6434-0616

【読者の皆様へ】
本書の内容に関するお問い合わせは、
お手紙または
FAX（03-5360-8047）
メール（info@TG-NET.co.jp）
にて承ります。
恐縮ですが、電話でのお問い合わせはご遠慮ください。
『7人の人気作家が編む　おでかけバッグとおウチこもの』編集部

＊本書に掲載している作品の複製・販売はご遠慮ください。

7人の人気作家が編む
おでかけバッグとおウチこもの

平成29年8月1日 初版第1刷発行

編　者　ドーナツ糸を楽しむ会
発行者　穂谷竹俊
発行所　株式会社日東書院本社
　　　　〒160-0022 東京都新宿区新宿2丁目15番14号 辰巳ビル
　　　T E L　03-5360-7522（代表）
　　　F A X　03-5360-8951（販売部）
　　　振　替　00180-0-705733
　　　U R L　http://www.TG-NET.co.jp

印　刷　三共グラフィック株式会社
製　本　株式会社宮本製本所

本書の無断複写複製（コピー）は、著作権上での例外を除き、著作者、出版社の権利侵害となります。
乱丁・落丁はお取り替えいたします。小社販売部までご連絡ください。

© Nitto Shoin Honsha Co., Ltd. 2017,Printed in Japan
ISBN 978-4-528-02158-7 C2077